Saúde e vida

FERNANDO CARRARO

São Paulo – 2011
1ª edição
FTD

Saúde e vida
Todos os direitos reservados à
Editora FTD
Matriz: Rua Rui Barbosa, 156 – Bela Vista – São Paulo – SP
CEP 01326-010 – Tel.: (0-XX-11) 3598-6000
Caixa Postal 65149 – CEP da Caixa Postal 01390-970
Internet: <www.ftd.com.br>
E-mail: ciencias.naturais@ftd.com.br

Diretora editorial Silmara Sapiense Vespasiano
Editora Débora Lima
Editora assistente Luciana Ribeiro Guimarães
Assistentes de produção Ana Paula Iazzetto, Lilia Pires
Assistente editorial Silvia Elena de Souza
Preparador Oswaldo Cogo
Revisoras Carolina Manley, Célia R. N. Camargo, Rita Lopes, Sirlei S. Panochia, Solange Pereira
Coordenador de produção editorial Caio Leandro Rios
Editor de arte, projeto gráfico e capa Carlos Augusto Asanuma
Ilustrações que acompanham o projeto: Avelino Guedes
Ilustração da capa: Avelino Guedes
Pesquisadores iconográficos: Daniel Cymbalista, Rosely Ladeira, Thaïs Falcão/Olho do Falcão
Assistente de pesquisa: Cristina Mota
Editoração eletrônica
Diagramação: Maurilo Rossato Sampaio
Tratamento de imagens: Ana Isabela Pithan Maraschin
Gerente de produção gráfica: Reginaldo Soares Damasceno

Dados Internacionais de Catalogação na Publicação (CIP)
(Câmara Brasileira do Livro, SP, Brasil)

Carraro, Fernando
Saúde e vida / Fernando Carraro. – 1. ed. – São Paulo : FTD, 2011.

Suplementado pelo manual do professor.
ISBN 978-85-322-8006-0

1. Ciências (Ensino fundamental) 2. Saúde I. Título.

11-08498 CDD-372.35

Índices para catálogo sistemático:
1. Ciências : Ensino fundamental 372.35

DEDICATÓRIA

É com carinho que dedico este livro ao meu amigo de infância, Dr. Nivaldo Pavan, de quem guardo grata recordação.

A todos os que foram vítimas da falta de pronto atendimento ou mau atendimento dos serviços públicos de saúde.

Aos que morreram vítimas da fome e da miséria.

A todos os que, a exemplo de Zilda Arns, fazem da área do serviço público da saúde em que atuam mais do que uma profissão, uma doação: funcionários do Sistema Único de Saúde (SUS), das Unidades Básicas de Saúde (UBS); das Unidades de Pronto Atendimento (UPA); do Serviço de Atendimento Móvel de Urgência (Samu); aos agentes comunitários de saúde; aos agentes e voluntários da Defesa Civil e da Cruz Vermelha, entre outros.

“Sinto-me envergonhado de ter sido tão bem tratado quando muitos brasileiros não o são.”

(José Alencar (1931-2011), ex-vice-presidente do Brasil, ao deixar o Hospital Sírio-Libanês após uma das várias cirurgias que fez contra o câncer no intestino.)

SUMÁRIO

1. UM POUCO DA MINHA HISTÓRIA

Meu nome é José, tenho 12 anos. Moro com meu pai, minha mãe, meus dois irmãos e minha avó. Tenho também um cachorro. Vivemos em uma casa simples em um bairro próximo ao centro da cidade. Atualmente estou cursando o 6º ano do Ensino Fundamental.

Tenho uma rotina muito parecida com a de qualquer garoto da minha idade. Vou à escola pela manhã e chego em casa na hora do almoço. Depois de comer, descanso um pouco e faço meus deveres de casa. Terminada a lição, brinco com meu cachorro, jogo bola com meus irmãos, assisto à tevê, jogo *videogame* e leio os livros que pego na biblioteca da escola.

Quando meu pai chega do trabalho, jantamos todos juntos. Esse é um momento muito gostoso, pois cada um pode contar o que fez durante o dia. Falamos sobre assuntos que foram notícia nos jornais e na tevê, comentamos futebol e a situação dos nossos times favoritos, que, aliás, não são os mesmos! Meu pai e meu irmão mais velho torcem por um time, eu e minha mãe para outro, minha avó e meu irmão menor para um terceiro. Imaginem a confusão que é no final dos campeonatos!

Pode parecer estranho eu achar tão gostoso tudo isso, mas é que passei por um momento em que tive que ficar longe da minha família, e então pude perceber o quanto ela é importante. Vou contar para vocês o que aconteceu comigo.

Quando eu tinha 9 anos, comecei a me sentir mal diariamente. Não tinha disposição para fazer nada, queria ficar deitado o tempo todo, nem me animava a brincar. Sentia dores muito fortes nas juntas, comecei a emagrecer, tinha muitas dores de cabeça e todas as tardes eu ficava com febre.

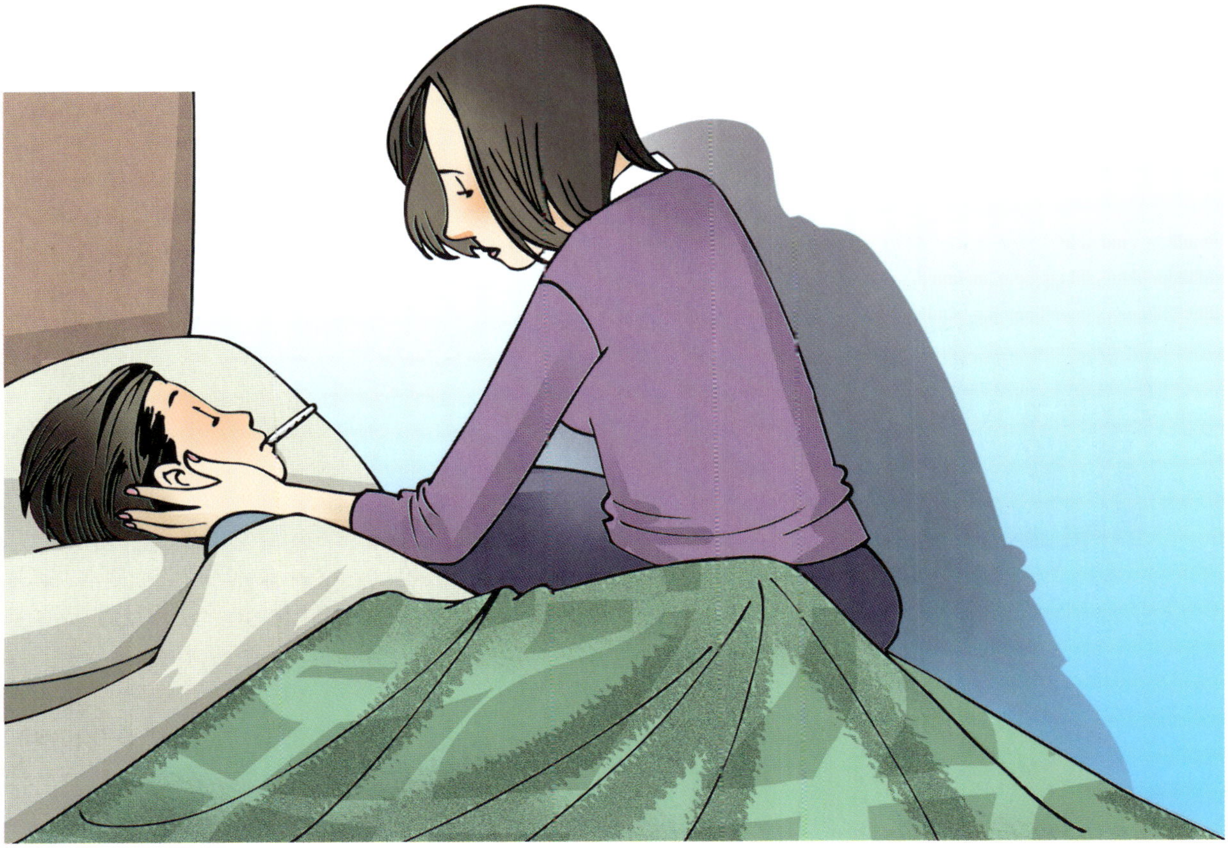

Depois de duas semanas nesse estado sem que conseguíssemos ser atendidos no posto de saúde do meu bairro, minha mãe me levou a um hospital público próximo a minha casa. Fomos atendidos por um pediatra, Dr. Alex, que ficou bastante preocupado comigo e pediu muitos exames. Após dois meses de idas e vindas ao hospital e muitos exames realizados, a secretária do doutor disse que ele queria conversar com meus pais. Achei estranho porque meu pai até faltou no trabalho.

Quando chegamos ao hospital, meus pais entraram no consultório e eu fiquei esperando do lado de fora. Confesso que estava muito preocupado e com medo.

Pouco tempo depois me pediram para entrar. Minha mãe, que estava com jeito de quem havia chorado, falou que eu teria que ser internado para cuidar da minha saúde. Foi um momento muito estranho... não sabia o que pensar! Minhas pernas ficaram bambas e eu fiquei com vontade de chorar. Respirei fundo e segurei o choro, tinha muita vergonha de chorar na frente do médico.

– Quando isso vai acontecer? – perguntei.

– Amanhã, às oito da manhã, você deve estar aqui, José – falou gentilmente o Dr. Alex.

Saímos do hospital e, no ônibus a caminho de casa, meus pais não deram uma só palavra. Minha mãe segurava a minha mão e não soltava para nada. Ao chegarmos em casa, sentamos no sofá, os três, e eles começaram a me explicar o que estava acontecendo.

Eu estava com câncer. Todo aquele desânimo, as dores e a febre eram por causa disso. Mas, apesar de ser uma doença grave, a minha tinha sido descoberta logo no início e por isso eu tinha uma grande chance de ficar curado. Para tanto, precisaria passar por um tratamento com remédios muito fortes que me deixariam mais fraco e sensível a outras doenças, sendo importante que os médicos pudessem acompanhar o meu caso de perto. Esse era o motivo de eu ter que ficar internado.

Não sabia o que pensar. Como seria viver em um hospital? Como eu iria para a escola? Quem ficaria comigo? E meus irmãos, minha avó, meu cachorro, meus amigos do futebol? Eram muitas as perguntas que no momento passavam pela minha cabeça. Mas o abraço forte dos meus pais foi me dando confiança e conforto para enfrentar a situação.

2. A VIDA NO HOSPITAL

Na manhã seguinte, despedi-me de meus irmãos e de minha avó com um abraço apertado e seguimos para o hospital, ouvindo a promessa deles de me visitarem no final de semana.

A caminho do hospital eu ficava imaginando como seria o lugar no qual eu ficaria e como seriam as pessoas que cuidariam de mim, se sentiria dor, o que comeria e também me preocupava como ficariam as minhas faltas na escola. Logo que chegamos, o Dr. Alex nos recebeu acompanhado por uma psicóloga que se chamava Dra. Vera. Eles me levaram para uma sala e começaram a me explicar o que estava acontecendo comigo.

– José, você está num hospital infantojuvenil para tratamento de câncer. Mas isso não é motivo para você se desesperar – disse o Dr. Alex.

– Estou com muito medo. Já ouvi falar que as pessoas que têm câncer morrem. O senhor acha que eu vou morrer? – perguntei, com um nó na garganta.

– Não. Você está aqui para se tratar e ficar curado.

– E por quanto tempo eu vou ficar?

– Você ficará internado na fase inicial do seu tratamento para observarmos como seu corpo vai reagir. Se tudo correr bem, o tratamento poderá ser feito sem que você fique internado, bastará uma visita semanal ao hospital. Você não ficará sozinho, José. Existem muitas crianças que também estão aqui passando pela mesma situação que você.

– As outras crianças que estão aqui estão doentes como eu?

– Sim, José. Elas estão se tratando e, assim como no seu caso, esperamos que elas fiquem curadas o mais rápido possível.

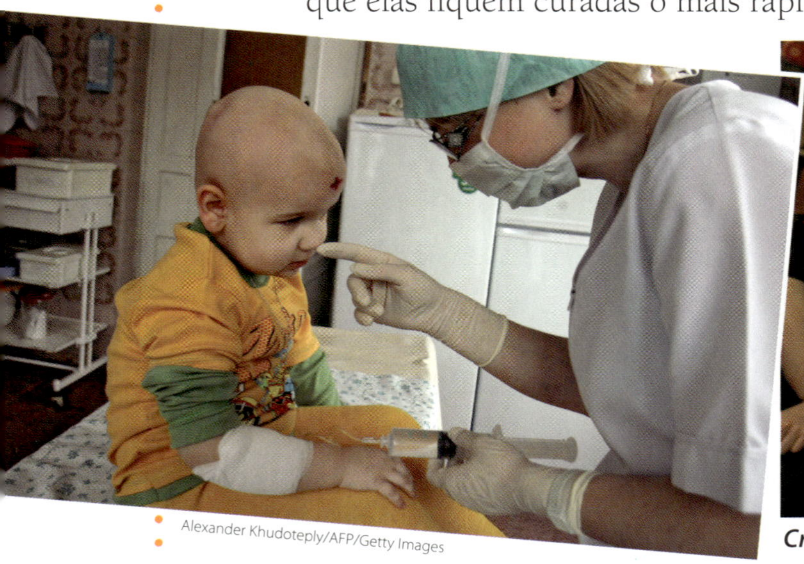

Alexander Khudoteply/AFP/Getty Images

Tino Soriano/National Geographic Society/Corbis/Latinstock

Crianças internadas para tratamento de câncer.

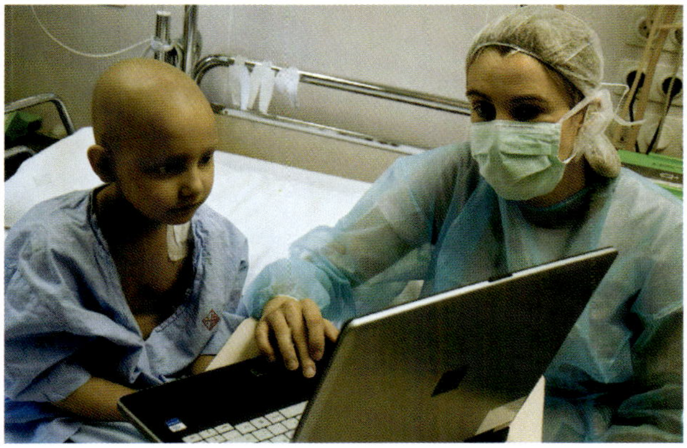

Fotos: Tino Soriano/National Geographic Society/Corbis/Latinstock

Durante o período em que permanecem hospitalizadas, as crianças executam diversas atividades.

Fomos acompanhados até a ala de oncologia pediátrica. Para minha surpresa, havia crianças brincando com uma enfermeira. Fui convidado a entrar na brincadeira e aceitei imediatamente. Meus pais despediram-se aliviados por perceberem que eu tinha reagido de forma tranquila a tudo que estava acontecendo comigo. Na verdade eu pensava que o importante é que eu estava vivo e que um dia iria me curar. Sendo assim, eu tinha muitos motivos para acreditar que eu ainda seria muito feliz.

Nem tudo foi gostoso e tranquilo durante o meu tratamento. Tive momentos bastante difíceis, pois os remédios eram fortes e eu me sentia muito mal. Via as outras crianças sofrendo também e infelizmente algumas não sobreviviam ao tratamento. Isso às vezes me deixava desanimado.

Outra coisa que me chamou a atenção foi o fato de que faltavam remédios e médicos, e algumas pessoas que cuidavam de nós às vezes não eram muito gentis. Muitas vezes ouvi enfermeiras conversando entre si reclamando de seus salários, que eram muito baixos, e da falta de estrutura para o trabalho, como aparelhos quebrados, quartos que não podiam ser utilizados em consequência de vazamentos que não eram consertados, pessoas que tentavam ser atendidas e não conseguiam...

Mas tínhamos coisas boas também! Às quartas-feiras um grupo de adolescentes de um colégio próximo passava as tardes conosco. Nós conversávamos, dançávamos e brincávamos com jogos muito divertidos. Às segundas e sextas-feiras tínhamos aulas de inglês e de música com um grupo de professores muito legais. Isso deixava todos mais animados e até esquecíamos que estávamos doentes.

Precisei ficar no hospital por mais tempo do que esperava. Foram três meses de internação até o dia que tive alta. Com isso perdi o ano na escola, mas tomei uma decisão muito importante: queria ser médico!

Eu não estava completamente curado ainda, mas poderia fazer o resto do tratamento indo ao hospital uma vez a cada dois meses.

Como foi bom voltar a ver meus irmãos, brincar com o cachorro, conversar com minha avó, jantar com meus pais. Viver no hospital não é legal. Em casa é bem melhor.

Eu tive a grande sorte de ser internado logo que os meus pais descobriram a minha doença. Como disse Dr. Alex, o câncer infantojuvenil, quando diagnosticado e tratado a tempo, tem cura em 70% dos casos. E foi o que aconteceu comigo. Depois de algum tempo, graças ao tratamento e aos avanços da Medicina, pude sair do hospital.

Na verdade, saí do hospital alegre e chateado ao mesmo tempo. Estava alegre por estar de volta a minha casa, e poder rever meus antigos amigos; mas, havia os que ficaram internados e os noticiários quase sempre trazendo reportagens sobre a precariedade dos serviços na área da saúde pública. Isso, no entanto, reforçava ainda mais a minha intenção de me tornar médico e dedicar minha vida a cuidar da saúde das pessoas.

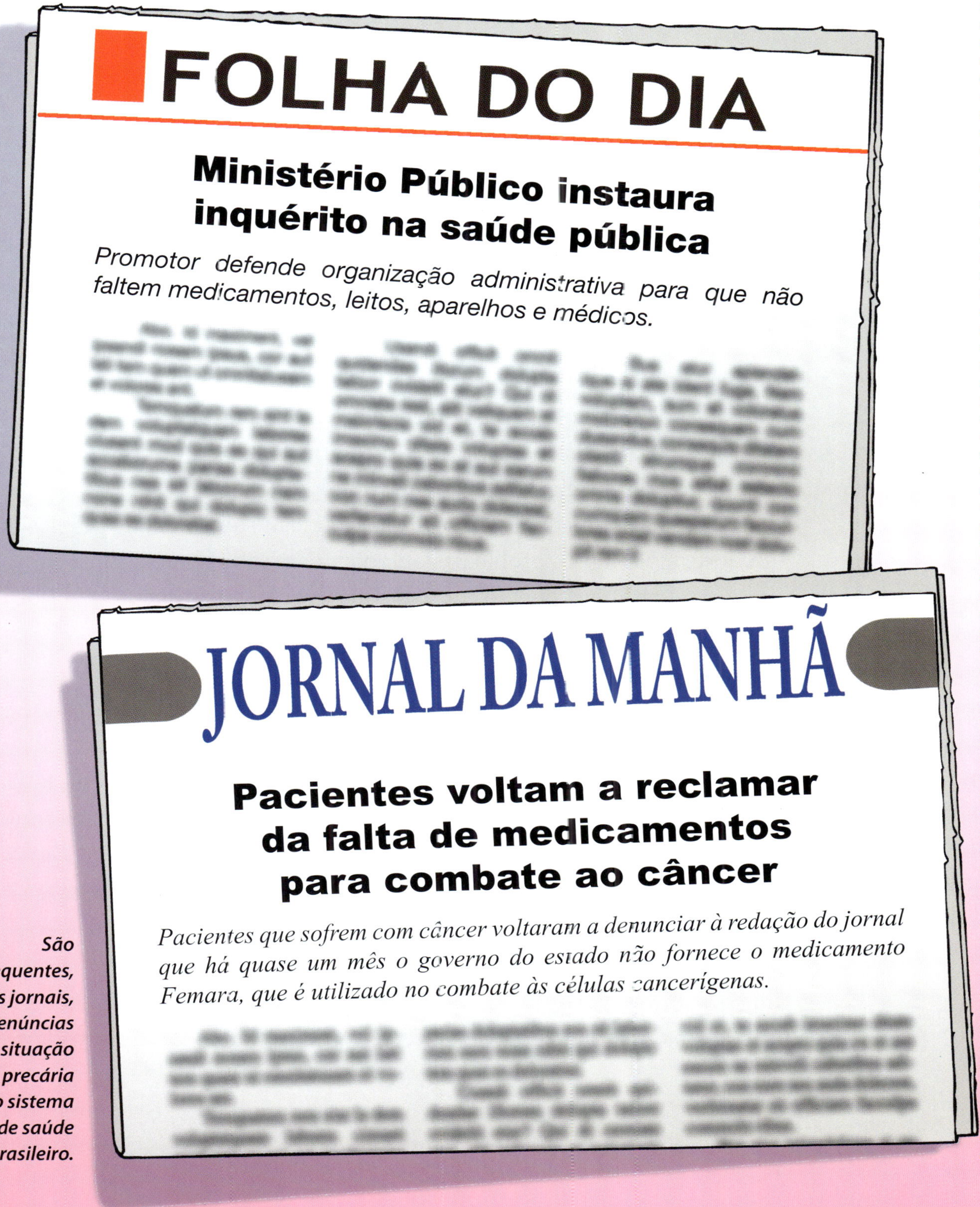

São frequentes, nos jornais, denúncias da situação precária do sistema de saúde brasileiro.

3. UNIDOS EM TORNO DE UM BEM MAIOR

Passados dois anos, eu já estava completamente curado. Apesar de ter perdido o ano quando fiquei internado, não tive problemas em fazer novos amigos na outra turma da escola. Tudo seguia como se eu nunca tivesse parado de estudar; no entanto, a experiência de ter ficado doente e precisar passar tanto tempo no hospital me fez ter um grande interesse por assuntos relacionados à saúde.

Eu estudava em uma escola onde os professores tinham uma grande preocupação em nos manter informados sobre temas atuais e buscavam, sempre que possível, relacionar o que estudávamos com assuntos ligados ao nosso dia a dia. Uma vez por semana o professor da primeira aula abria espaço para que comentássemos a respeito de notícias ou temas noticiados recentemente na tevê ou nos jornais.

Eu achava legal, pois era uma maneira interessante de nos manter atualizados, e essa prática permitia que ouvíssemos opiniões diferentes das nossas sobre os assuntos e nos dava a possibilidade de expressarmos a nossa opinião. Houve um dia em que eu fui o primeiro a levantar o braço.

– Professora, a senhora tem visto as últimas notícias sobre a saúde pública?

– Sim, José, e são tantos problemas que poderiam ser evitados! Vidas preciosas que se perdem injustamente trazendo indignação e sofrimento para os familiares e para todos nós.

– De quem é a responsabilidade, professora? – perguntou Ana.

– Tudo aquilo que é público é de responsabilidade dos governos municipais, estaduais e federal. Eles são responsáveis pela liberação de verbas, pela construção de hospitais e postos de saúde, pela contratação de funcionários, pela compra de remédios e todas as questões que envolvem o funcionamento dos serviços públicos de saúde.

– Ei, pessoal, tive uma ideia! A saúde pública é um assunto muito sério e que diz respeito a todos nós. Por que não fazemos uma pesquisa sobre isso? – eu disse.

– Uma pesquisa sobre saúde pública? Vou conversar com os outros professores e propor uma pesquisa envolvendo todas as disciplinas – falou animada a professora.

E assim foi. Os professores acharam a proposta interessante e se juntaram a nós. Aos poucos a escola toda foi se envolvendo em atividades de pesquisa,

entrevistas com médicos e até visitas a hospitais. Assim, o projeto ia crescendo, e resolvemos apresentar todo o nosso trabalho em uma feira cultural aberta a toda a comunidade escolar. Demos a ela o nome de Saúde e vida.

Por meio de votação escolhemos alguns temas para a pesquisa: Cuidados com a saúde e medicina preventiva; Prevenção de acidentes e primeiros socorros; Agentes comunitários de saúde; Grandes epidemias da história; Os avanços tecnológicos e o futuro da Medicina.

Foram criados grupos de trabalho e cada um dos professores envolvidos ficou responsável por um grupo que apresentaria um dos temas. Todos os alunos participavam das discussões que aconteciam durante algumas aulas, e depois os grupos responsáveis pelos temas elaboravam os trabalhos que seriam apresentados na Semana da Saúde.

Todas as atividades que surgiram dessa proposta trouxeram vida nova à escola, que aos poucos foi se unindo em torno de um bem maior.

4. OS CUIDADOS COM A SAÚDE E O PAPEL DA MEDICINA PREVENTIVA

A professora de Ciências ficou responsável pela apresentação dos trabalhos sobre cuidados com a saúde e medicina preventiva. Ela iniciou sua aula com uma questão fundamental para o desenvolvimento do nosso trabalho.

– Todos almejam saúde e qualidade de vida. Mas, na verdade, o que é saúde? – perguntou ela.

– É não estar doente, por exemplo com gripe, febre ou dores – respondeu Marcelo.

– Sentir-se bem disposto, animado, não ter que tomar remédios – disse Beatriz.

– Muito bem, os dois estão corretos, pois a definição de saúde é bastante ampla e engloba vários aspectos. Proponho a cada grupo que procure uma definição de saúde. Para isso, dirijam-se à biblioteca e procurem em dicionários, livros de Ciências e na internet, no *site* da Organização Mundial da Saúde. Anotem a definição no caderno e voltem para a sala em trinta minutos para discutirmos essas definições – disse a professora.

O trabalho foi bem mais complicado do que parecia. Cada um de nós veio com uma definição diferente para o que é saúde. Foi dessa discussão que pudemos ter a exata dimensão do que seria o nosso trabalho.

Ao final da discussão produzimos um texto coletivo reunindo tudo o que pesquisamos e o que conseguimos concluir do trabalho na sala de aula.

Fizemos um cartaz com esse texto e fixamos no mural da classe. Por meio dele traçaríamos o caminho do nosso trabalho. Depois de uma pausa entre uma aula e outra, continuamos nosso assunto na aula de Ciências, debatendo quais seriam as ações pessoais que nos proporcionariam boa saúde.

O que é saúde?

O conceito de saúde é difícil de ser definido e sofreu muitas modificações ao longo dos anos. É um conceito que muda de acordo com as transformações da vida e dos hábitos das pessoas.

Segundo nossas pesquisas, podemos definir saúde como o estado de completo bem-estar físico, mental e social. Saúde é o resultado de boas condições de alimentação, moradia, educação, trabalho, lazer e acesso aos serviços de saúde.

Podemos considerar que saúde não significa somente ausência de doença e não se encontra limitada apenas ao corpo, mas se relaciona com a mente, as emoções e as relações sociais. Considerada desse modo, a saúde não se reduz apenas a locais, como hospitais e centros de saúde, mas a outros lugares, entre eles a nossa casa, a escola, a qualidade dos ambientes que frequentamos, os alimentos que ingerimos, o salário que recebemos, o que fazemos nas horas de lazer, entre outros.

É claro que saúde depende da responsabilidade que cada pessoa tem com o seu bem-estar. Mas para que as pessoas possam realmente ter saúde, é necessário o envolvimento de vários setores da sociedade, de ações econômicas e necessariamente de políticas públicas.

– Alguém saberia dizer quais são as atitudes que podemos ter para nos sentirmos bem e mantermos nossa saúde? – perguntou a professora.

– Fazer exercícios físicos, jogar futebol, brincar – sugeriu Pedro.

– Você está certo, Pedro – disse a professora. – Realizar exercícios físicos é fundamental para a manutenção da saúde, mas temos que tomar muito cuidado com os exageros. O excesso de exercícios pode causar lesões musculares, fraturas de ossos por fadiga, entre outros problemas.

– Estar com nossos amigos, nossa família e as pessoas de que gostamos faz muito bem à nossa saúde! – comentou Mariana.

– Comer na quantidade correta, preferir as frutas e verduras aos doces e alimentos gordurosos. Comer na quantidade e nos horários corretos também é muito importante – arriscou Renato.

– Você se esqueceu de dizer da importância de beber bastante água! – completou Júlia.

A professora pediu que realizássemos uma pesquisa sobre alimentação. Júlia sugeriu que convidássemos a tia dela que é nutricionista para dar uma palestra sobre qual é a alimentação mais adequada para a manutenção da boa saúde. A professora comentou também que um dos problemas que os países mais pobres enfrentam está relacionado à alimentação, ou melhor, à falta de alimentação da população.

Soubemos, por meio da leitura de um texto, que o Brasil tem conseguido grandes vitórias em relação à desnutrição infantil.

Como complementação ao tema, a professora comentou alguns programas governamentais que visam à qualidade de saúde da população brasileira.

– Professora, meu pai sempre fala que é muito importante visitarmos um médico para fazermos exames, mesmo sem estarmos doentes. Eu acho isso muito estranho! – disse Luiza.

– Seu pai está certo, Luiza. Isso se chama medicina preventiva – comentou a professora.

– Uau! Vou contar isso para ele – disse Luiza toda feliz.

– Como vê, parece um paradoxo, mas o que seu pai disse é o mais correto. Sabe por quê? Descobertas a tempo, muitas doenças têm cura. Prevenindo, evitamos surpresas desagradáveis. Então, guardem isto para toda a vida: a medicina preventiva é uma aliada importante da saúde.

Em seguida, a professora continuou:

– Mas tem outra coisa que faz muito bem à saúde e que vocês não falaram – ela olhou para cada um de nós esperando uma resposta. – A alegria! E como diziam os antigos: nada melhor do que boas risadas e muita alegria para espantar as doenças – complementou.

– É por isso que há pessoas ligadas a ONGs que percorrem hospitais cantando, declamando, encenando peças de teatro, brincando de circo e levando alegria aos doentes? – perguntou Luiza.

– Com certeza, Luiza. Inclusive essas ações são apoiadas e incentivadas pelos médicos, pois eles sabem dos benefícios que a alegria proporciona aos pacientes. Existem muitos estudos a esse respeito e parece ser consenso entre a comunidade médica que a alegria, o bom humor, o otimismo e a fé são excelentes aliados na recuperação de pessoas doentes – explicou a professora.

Brasil reduz taxa de desnutrição infantil e atinge meta estabelecida pela ONU

Queda do número de menores de 5 anos com baixo peso ou altura tem impacto na redução da mortalidade na infância. Ampliação do aleitamento materno também contribui; em cinco anos, doadoras de leite humano passam de 60,4 mil para 113,8 mil.

A desnutrição infantil, cuja queda é um dos principais fatores que contribuíram para a redução da morte entre crianças, é um desafio já superado pelo país. A redução dessa taxa era uma das metas do Objetivo de Desenvolvimento do Milênio 1 – Erradicar a Extrema Pobreza e a Fome, alcançado neste ano, o que levou o país a ser premiado pela Organização das Nações Unidas (ONU), em setembro. O dado está no "Saúde Brasil 2009", publicação anual do Ministério da Saúde que reúne análises e indicadores de saúde no país.

O levantamento aponta o Brasil como um dos países que mais avançaram na redução da desnutrição infantil, entre 1989 e 2006. No período, a proporção de crianças menores de 5 anos com baixo peso para idade caiu de 7,1% para 1,8%; e com baixa altura, de 19,6% para 6,8%.

Os resultados podem ser atribuídos a quatro fatores: o aumento da escolaridade materna; a melhoria do poder aquisitivo das famílias; a melhoria da atenção à saúde – principalmente para mulheres e crianças, coincidente com a expansão da Estratégia Saúde da Família (ESF) em todo o país; e o aumento da cobertura de saneamento básico, como acesso à água encanada e rede de esgotamento sanitário.

A evolução da Atenção Primária à Saúde é central para a garantia do acesso e promoção da saúde e prevenção de doenças. A ESF, carro-chefe da atenção primária, está presente hoje em 99% dos municípios brasileiros, com 31 500 equipes. Estudos internacionais mostram que cada aumento de 10% na cobertura da Saúde da Família corresponde uma redução de 4,6% na mortalidade infantil. [...]

<http://portal.saude.gov.br/portal/aplicacoes/noticias/default.cfm?pg=dspDetalheNoticia&id_area=124&CO_NOTICIA=12001>

– Pessoal, que tal visitarmos o hospital no qual eu fiquei internado e conhecer o trabalho que eles fazem com as crianças? – sugeri.

– Podemos preparar brincadeiras, peças de teatro, e ensaiarmos algumas músicas para alegrar as crianças que estão internadas – disse Júlia.

– Posso falar com o Dr. Alex e a Dra. Vera e marcar um dia adequado para a nossa visita. Enquanto eu estava internado, muitos alunos de escolas próximas ao hospital vinham nos visitar. Eram sempre muito boas as visitas e nos davam novo ânimo! Vou ligar para o Dr. Alex assim que chegar em casa – falei animado.

Imagem concedida pelo Grupo Esparatrapo

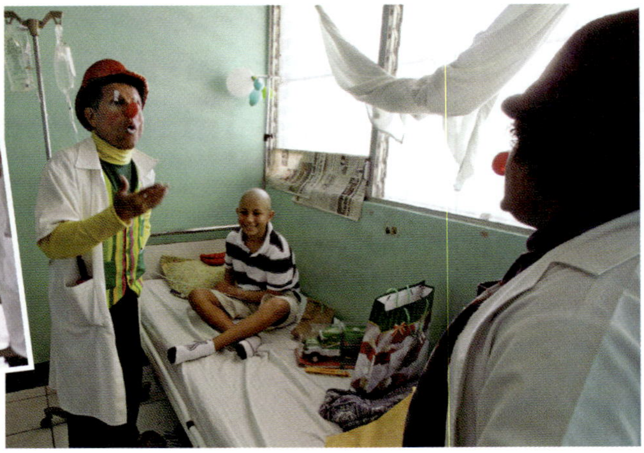

Reuters/Latinstock

Palhaça Coriolanda/Inaiá Correia

Diversas ONGs realizam trabalhos em hospitais com o intuito de alegrar os pacientes e tornar o período de internação menos sofrido.

5. A VISITA AO HOSPITAL

Estávamos tão entusiasmados com a visita ao hospital que as atividades da escola passaram a girar em torno desse evento. Os professores estavam muito envolvidos, e o sentimento de solidariedade e alegria tomou conta de todos. O tempo passou muito rápido e logo chegou o dia da visita. A diretora da escola conseguiu que uma empresa do bairro nos cedesse dois ônibus para nos levar ao hospital e nos trazer de volta.

Alguns colegas se fantasiaram de palhaços para alegrar as crianças doentes. Levamos livros de história e marionetes para fazermos teatro com as crianças. Também preparamos diversos materiais para desenhar, pintar e fazer colagens.

Sabendo da nossa visita, o diretor do hospital convidou a imprensa para registrar o acontecimento. E assim o nosso trabalho foi divulgado e nós tivemos a oportunidade de influenciar muitas pessoas. A solidariedade é uma das formas de minimizar os problemas que enfrentamos em nosso país. Quando várias pessoas se unem em torno de um bem comum, os resultados são quase sempre muito bons. No entanto, não podemos esquecer o nosso papel como cidadãos e cobrar dos governantes soluções para os problemas. Ao me entrevistarem, contei um pouco da minha história e aproveitei para incentivar as pessoas a colaborar com alguma instituição que se dedica a cuidar das pessoas que têm câncer.

Foi um dia muito especial! As crianças e os adultos se envolveram nas atividades, riram e brincaram o dia inteiro. Foram horas maravilhosas, e o tempo passou muito rápido. Durante a volta para a escola, muitos dos meus amigos diziam que aquela havia sido a melhor experiência de sua vida. Foi um mundo novo que se abriu para eles. Alguns chegavam a dizer que depois daquela visita nunca mais seriam as mesmas pessoas. Outros diziam que conversariam com os pais para que se tornassem colaboradores de alguma instituição ligada ao câncer infantil.

6. Avanços na área social

– Sabemos que a saúde pública enfrenta inúmeros problemas. Mas é importante reconhecer que muitos esforços têm sido realizados para melhorar a situação – assim começou a aula o professor André, de Português. – Entre eles podemos citar alguns programas governamentais, como o Bolsa Família, que é um programa de transferência direta de renda para famílias em situação de pobreza extrema ou de pobreza.

– Professor, as pessoas recebem dinheiro do governo para cuidar da saúde? Acho que não entendi isso muito bem. O senhor pode me explicar melhor, por favor? – comentou Pedro.

– Claro, Pedro! Saúde, como vocês já viram, depende de muitos fatores: boa alimentação, boas condições de moradia e de higiene, saneamento básico, entre outros. Ao fornecer uma quantia em dinheiro para as famílias carentes, o governo pretende permitir o acesso dessas pessoas a uma alimentação adequada e a condições mínimas de moradia. Para receber essa ajuda, o governo exige que as famílias contempladas cumpram algumas obrigações. Na área da saúde, as famílias devem se comprometer a acompanhar o cartão de vacinação e o crescimento e desenvolvimento das crianças menores de 7 anos. As mulheres com idade entre 14 e 44 anos também devem fazer o acompanhamento e, se estiverem grávidas ou amamentando, deverão realizar o pré-natal e o acompanhamento da sua saúde e da saúde do bebê.

Como estávamos interessados nesse assunto, absorvíamos as palavras do professor com grande prazer.

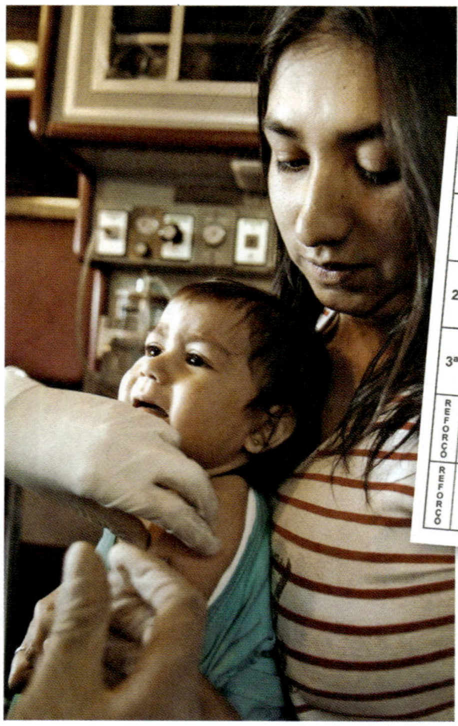

José Luiz Saavedra/Reuters/Latinstock

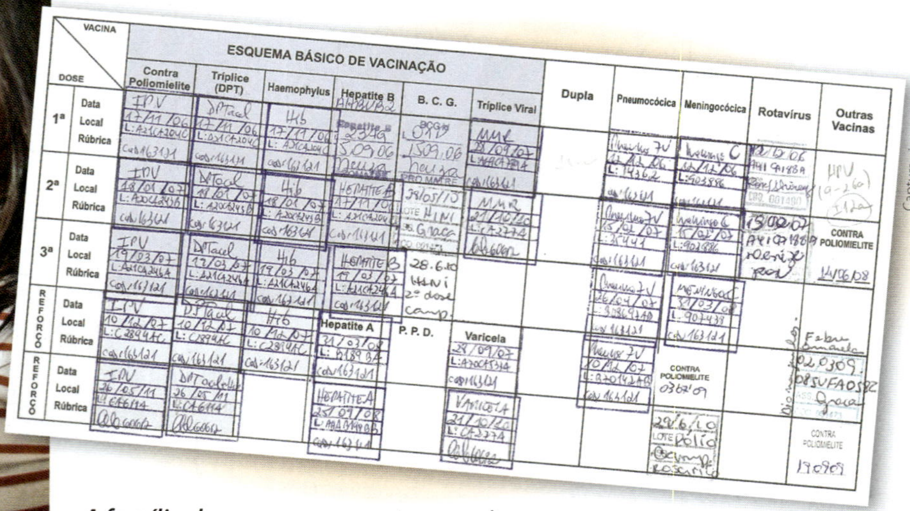

Captura via escânner

A família deve se comprometer a vacinar as crianças acompanhando o cartão de vacinação delas.

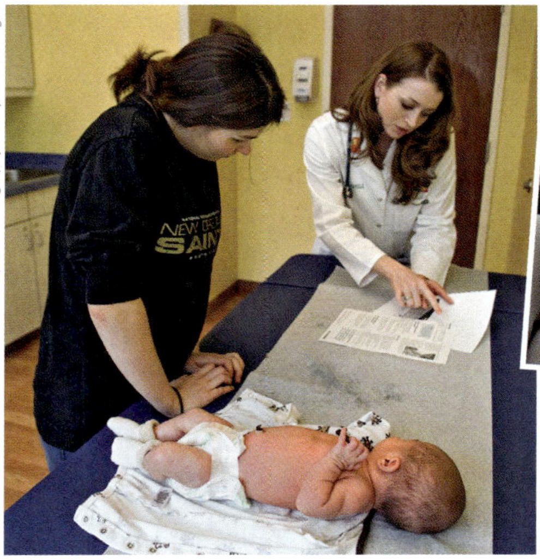

Daniel Dempster Photography/Alamy/Otherimages

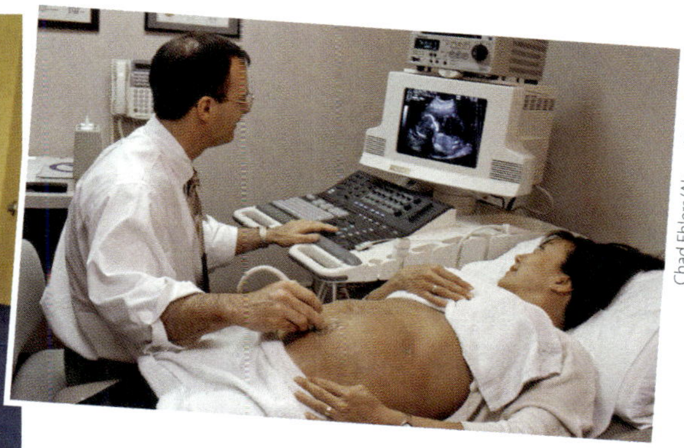

Chad Ehlers/Alamy/Otherimages

As mães devem fazer o exame pré-natal, e o bebê deve ter seu desenvolvimento acompanhado por um pediatra.

– Na educação, todas as crianças e todos os adolescentes entre 6 e 15 anos devem estar devidamente matriculados e com frequência escolar mensal mínima de 85% da carga horária. Já os estudantes entre 16 e 17 anos devem ter frequência de, no mínimo, 75%. Na área de assistência social, crianças e adolescentes com até 15 anos que estejam sob risco ou que foram retirados do trabalho infantil pelo Programa de Erradicação do Trabalho Infantil (Peti) devem participar dos Serviços de Convivência e Fortalecimento de Vínculos (SCFV) do Peti e obter frequência mínima de 85% da carga horária mensal – finalizou o professor André.

– Puxa, professor, quanta coisa! Será que as pessoas cumprem tudo isso? Quem fiscaliza se elas estão obedecendo às regras do programa? – perguntou Júlia.

– Júlia, a responsabilidade do gerenciamento do programa é do poder público, que deve fazer o acompanhamento para identificar os motivos do não cumprimento das condições. A partir daí, são implementadas ações de acompanhamento das famílias que não cumpriram as exigências, consideradas em

Juca Martins/Olhar Imagem

Paulo Giandalia/Folhapress

As crianças devem frequentar a escola, e os adolescentes em situação de risco ou retirados do trabalho infantil devem participar dos cursos oferecidos pelo Peti. Em ambos os casos, a frequência mínima obrigatória é de 85% das aulas.

situação de maior vulnerabilidade social. Para saber mais sobre esse assunto, vocês podem acessar o *site* <www.mds.gov.br/bolsafamilia>, de onde eu retirei essas informações que passei a vocês.

– Professor, meu avô busca os remédios que ele toma em uma farmácia do governo, lá na cidade em que ele mora. Ele disse que, se a pessoa leva a receita, eles dão o remédio de graça. Eu acho isso muito bom porque meu avô e minha avó precisam tomar alguns remédios diariamente. Eles vivem com a aposentadoria e o preço dos remédios é alto, e com o programa do governo de fornecer os remédios eles podem gastar em outras coisas – contou Luiza.

– Esse programa ajuda as pessoas que são atendidas pelo serviço público de saúde a obter os remédios receitados pelo médico. Existe uma lista que mostra quais medicamentos estão disponíveis para a população. Caso o remédio esteja na lista, basta o doente levar a receita a uma das farmácias que faz esse trabalho. Existe também um programa chamado Farmácia Popular, no qual as farmácias conveniadas vendem medicamentos a preços baixos. Desse modo, as pessoas conseguem manter a saúde ou ainda se curar de eventuais doenças – complementou o professor André.

– Existe mesmo uma preocupação do governo em criar e manter programas para ajudar a população a ter boa saúde. É uma pena que muitas vezes as coisas não funcionem como deveriam por falta de fiscalização ou mesmo pela ação de pessoas mal-intencionadas, que acabam desviando verbas, usando o dinheiro para outros fins que não a compra de remédios ou a aplicação em qualquer outro programa social. Apesar de tudo isso, acho que devemos ter esperança de que com o tempo as coisas possam melhorar – disse Júlia em tom de discurso.

Todos da sala aplaudiram e brincaram:

– Votem na Júlia, votem na Júlia! – Em seguida tocou o sinal e fomos para o intervalo.

Nelson Antoine/Fotoarena/Folhapress

Tasso Marcelo/AE

Alguns medicamentos de uso contínuo são distribuídos gratuitamente pelo governo. Para ter acesso aos remédios, é preciso apresentar um documento com foto, o CPF e a receita médica que comprove a necessidade do medicamento.

7. A IMPORTÂNCIA DA PREVENÇÃO DE ACIDENTES

Durante o intervalo, jogamos futebol, meninas contra meninos. O jogo acabou empatado, mas a Ana, goleira do time das meninas, precisou de atendimento médico. Ao tentar defender um lindo chute do Leonardo, bateu com a cabeça na trave. Ela ficou um pouco tonta e fez um galo enorme na testa! A mãe dela veio buscá-la e elas foram ao hospital para realizar alguns exames a fim de verificar se estava tudo realmente bem.

Esse era o assunto quando Vítor, o professor de Matemática, entrou na sala. Como era quinta-feira, todos os professores estavam trabalhando com o projeto Saúde e vida e, por coincidência, o tema sobre o qual ele iria tratar era a prevenção de acidentes.

– Gostaria de dizer a vocês que o Brasil daria um passo importante se conseguisse reduzir o número de acidentes. Eles causam enormes prejuízos para os cofres públicos.

– A que tipo de acidentes o senhor se refere? – perguntou Rafael.

– Na verdade, gostaria de lançar para vocês essa pergunta. O que será que podemos considerar acidente? Enquanto vocês vão pensando nisso, quero comentar algumas informações que estão neste jornal. Trata-se da pesquisa Saúde Brasil 2009, do Ministério da Saúde, publicada em 14 de dezembro de 2010, e que tem muito a ver com números e estatísticas que servirão para algumas atividades que faremos.

Em seguida, abriu o jornal e passou a nos explicar a pesquisa. Todos nós o acompanhávamos atentamente. Volta e meia ele escrevia alguns números na lousa.

– Os homens morrem cinco vezes mais por causa de acidentes ou de violência do que as mulheres. Entre os homens, os jovens de 20 a 39 anos e com menos de 7 anos de escolaridade foram as principais vítimas das mortes violentas ou dos acidentes, as chamadas causas externas, conforme o estudo. Entre as mulheres, 30% das mortes desse tipo foram provocadas por acidentes de trânsito, e a maioria das vítimas tinha mais de 60 anos de idade. No *ranking* nacional, a causa externa é o terceiro maior motivo de morte, atrás das doenças circulatórias e do câncer.

– Professor, sempre escuto que os acidentes de trânsito são responsáveis por muitas mortes no Brasil. Outro dia, o meu pai falou que a imprudência dos motoristas é responsável pela maior parte dos acidentes. O senhor pode nos falar um pouco sobre isso? – pedi.

– Em relação aos acidentes de trânsito, morrem no Brasil cerca de 40 mil pessoas por ano. Outros milhares sofrem ferimentos e mutilações e acabam nos hospitais públicos, muitas vezes por não usar o cinto de segurança, e o governo acaba pagando por isso.

– Que tal separarmos um espaço na nossa feira cultural para esclarecer as pessoas sobre os acidentes de trânsito e quais as formas de evitá-los? Acho que seria interessante, pois de acordo com o que o professor Vítor comentou eles são um problema de saúde pública no nosso país – disse Leonardo para a classe.

JORNAL DE SÃO PAULO

Acidentes em rodovias de SP matam 41 durante feriado

Balanço da Polícia Rodoviária Estadual divulgado hoje (25) indica que 41 pessoas morreram nas estradas estaduais de São Paulo durante o feriado prolongado de Tiradentes e Páscoa.

Os dados foram contabilizados entre a meia-noite de quarta-feira (20) e a meia-noite de ontem (24). Nesse período, houve 1 542 acidentes e 774 feridos.

Os números são maiores que os do ano passado, no mesmo feriado comemorado entre 1º e 4 de abril. Os 1 043 acidentes deixaram 549 feridos e 36 mortos.

Extraído do *site*: <http://noticias.uol.com.br> Acesso em: 18 jul. 2011.

Luiz Carlos Murauskas/Folhapress

NOTÍCIAS DO BRASIL

Mortes em estradas federais neste feriadão já correspondem a 90% do total do Carnaval 2010

Mario Ângelo/AE

Desde sexta-feira, 129 pessoas perderam a vida em rodovias brasileiras

– Calma, pessoal, não são apenas os acidentes de trânsito que devem ser prevenidos – continuou o professor. – Temos de considerar os acidentes de trabalho que acontecem aos milhões todos os anos. São vidas preciosas que se perdem, às vezes pais de famílias; pessoas que se afastam do trabalho pelas mutilações que sofreram, com prejuízos enormes para elas, para os familiares e para a saúde pública. Todos saem perdendo...

– Em casa também acontecem muitos acidentes, não é professor? – perguntou Júlia. – Outro dia minha avó caiu da escada quando ia colocar o lixo para fora de casa. Imagine que ela teve que ficar no hospital em observação durante a tarde inteira. O médico comentou com a minha mãe que diariamente ele recebe muitos pacientes que sofreram acidentes em casa, principalmente idosos e crianças.

– Realmente, são incontáveis os acidentes que acontecem todo dia na casa das pessoas. Os acidentes envolvendo crianças geralmente acontecem quando elas ingerem pequenos objetos ou produtos de limpeza, quando se queimam, caem de lajes ao soltarem pipas. Entre os idosos são comuns acidentes ocasionados por tombos, como o caso de sua avó, Júlia! – disse o professor. – De qualquer modo, todos esses acidentes, de um jeito ou de outro, acabam comprometendo a saúde e a vida das pessoas e também onerando os cofres públicos com cifras elevadíssimas... O mais triste é que muitos desses acidentes poderiam ser evitados! Poderiam, mas não são! Por quê? Essa é a pergunta que deixo para vocês refletirem e apresentarem propostas de soluções... Na próxima aula conversaremos sobre o assunto.

Deu o sinal e a aula terminou. Saímos pensativos.

O professor havia colocado uma grande interrogação em nossas cabeças. O assunto que ele comentara nos preocupou tanto que enquanto deixávamos a classe alguns colegas já iam adiantando suas sugestões. Um falava em intensificar as campanhas educativas na mídia; outro, que deveria existir uma disciplina sobre o assunto fazendo parte do currículo escolar. Outro ainda insistia que o policiamento ostensivo deveria ser reforçado nas cidades, nas estradas, no trânsito e que os pais e responsáveis deveriam cuidar mais da segurança das crianças. Cursos frequentes de segurança para os trabalhadores era outra preocupação.

As sugestões iam surgindo uma após a outra porque o que havia ficado claro para todos nós era que tínhamos que fazer a nossa parte. Como colocar em prática todas essas ideias ainda não sabíamos, mas com certeza haveríamos de descobrir. Somente assim estaríamos nos comportando como verdadeiros cidadãos e exercendo nossa cidadania. E o mais importante era que não poderíamos permanecer alheios a um problema tão grave: como evitar a maioria dos acidentes!

8. PRIMEIROS SOCORROS

Ia começar a aula de Educação Física, uma das nossas preferidas. Fomos todos para a quadra, meninos e meninas. Ficamos curiosos quando notamos que o professor João Carlos não trazia o saco de bolas, e estava acompanhado da professora Vânia, de Educação Física das meninas. Os dois professores pediram que fizéssemos um grande círculo na quadra poliesportiva. Depois de pedir silêncio, quem começou o assunto foi a professora Vânia.

– Queremos participar do projeto que estão desenvolvendo com tanto sucesso sobre saúde pública. Então eu e o professor João gostaríamos de falar sobre um tema também muito importante: primeiros socorros.

– É preciso ressaltar que os primeiros socorros devem ser prestados por pessoas que saibam fazê-lo. Para vocês, quem são as pessoas mais indicadas para isso? – perguntou o professor João.

– Médicos, paramédicos – disseram alguns.

– Bombeiros e policiais – disseram outros.

– Isso mesmo – responderam juntos os professores.

– Mas há casos em que até uma criança pode salvar uma vida. Saberiam dizer como? – perguntou a professora Vânia.

– Pedindo ajuda por telefone? – palpitaram vários ao mesmo tempo.

– Muito bem. Já houve casos em que graças ao telefonema de uma criança vidas foram salvas – comentou o professor João.

– Professora, a senhora ouviu falar daquela menina que havia sido sequestrada e conseguiu se salvar ligando para a polícia? No início o policial achou que se tratava de um trote, mas, ao final, a criança convenceu a polícia de que falava a verdade. Assim ela foi salva do cativeiro e os sequestradores, presos – falou Ana.

– Levantem a mão aqueles que sabem o telefone da Polícia Militar – pediu o professor João.

– 190 – responderam quase todos.

– E o do Serviço de Atendimento Móvel de Urgência, o Samu?

– 192 – responderam todos em coro novamente.

– Muito bem.

– E o do Corpo de Bombeiros?

– 193 – foi novamente o que respondeu a maioria.

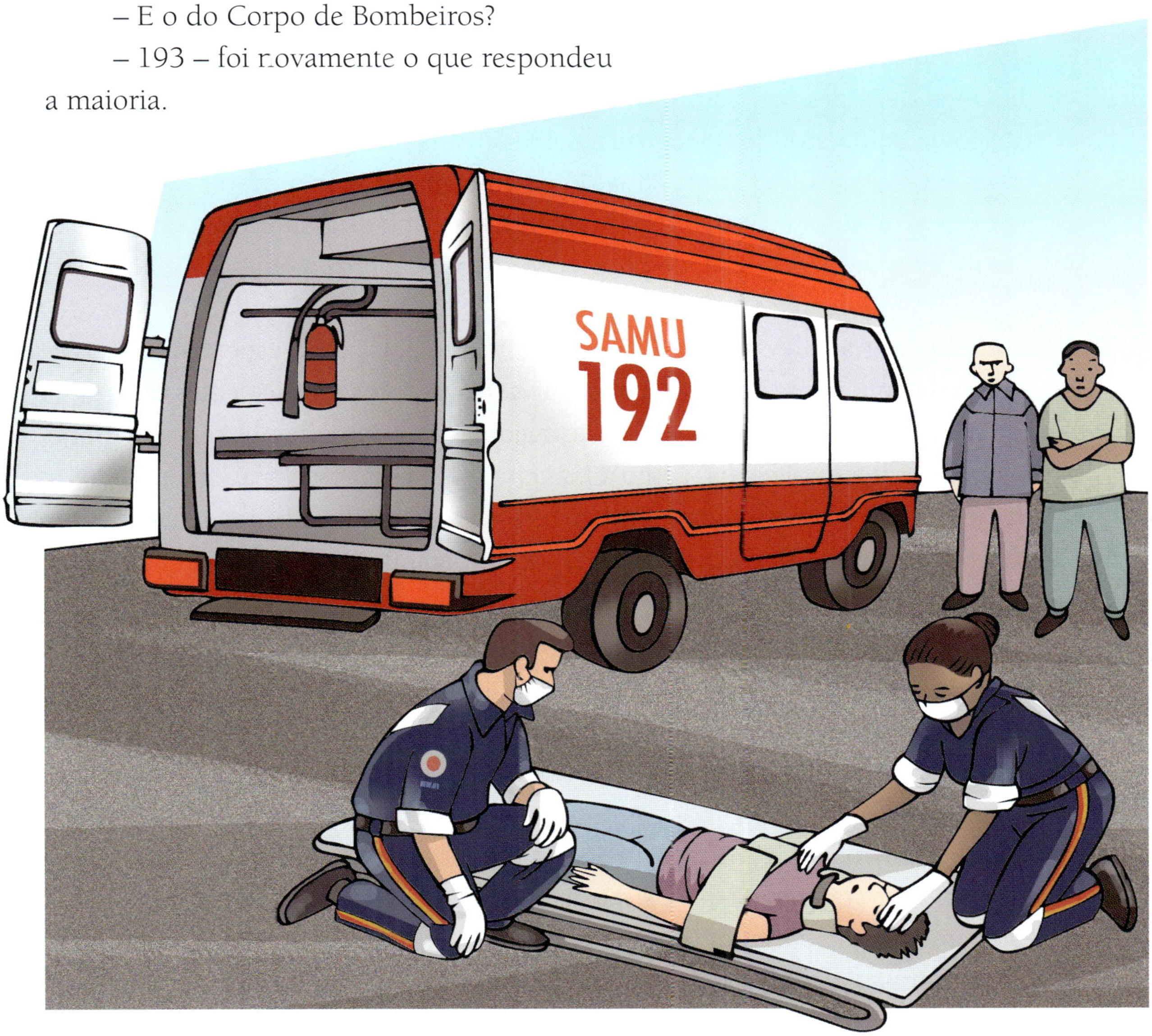

– Agora vou fazer um desafio. Levante o braço quem souber o número da Defesa Civil.

– Professor, qual é o trabalho executado pela Defesa Civil? – perguntou Leonardo.

– A Defesa Civil é um órgão que atua principalmente na prevenção de desastres naturais, na assistência à população atingida por tragédias e na reconstrução dos locais atingidos por acidentes. Essas ações acontecem nos níveis de governo federal, estadual e municipal, com ampla participação da comunidade – respondeu o professor.

– E então, quem sabe o número da Defesa Civil? – perguntou a professora Vânia. Como ninguém se manifestasse, ela mesma disse. – O número da Defesa Civil válido para todo o Brasil é 199. Mas além dele os estados e municípios têm outros números. Pesquisem!

– Muito bem. Vocês sabem números importantes com os quais poderão salvar vidas. Agora temos uma surpresa – disse o professor João Carlos. – Convidamos duas pessoas para falar com vocês. Elas pertencem à Corporação do Corpo de Bombeiros do nosso bairro e lhes ensinarão alguns procedimentos que vocês poderão realizar numa situação de emergência. São o Edson e a Solange. As escolas deveriam dar mais importância a esse tipo de assunto, até porque um dia vocês irão crescer e poderão precisar desses conhecimentos. Agora deixo vocês com o Edson e a Solange.

Ao contrário de uma aula com muito futebol, como esperávamos, tivemos uma aula interessante de como salvar vidas, prevenir acidentes e agir em situações de emergência. Algumas das medidas que aprendemos serviam muito bem para o nosso dia a dia, como a maneira segura de nossos pais guardarem os botijões de gás, o perigo da ingestão excessiva de medicamentos e o que fazer para ajudar uma pessoa que esteja tendo um ataque cardíaco ou um acidente vascular cerebral.

Confesso que eu e meus amigos ficamos um pouco aborrecidos quando percebemos que não iríamos jogar futebol na aula de Educação Física, mas depois percebemos a importância do que aprendemos e nos sentimos até importantes, pois poderíamos ensinar outras pessoas e multiplicar esse conhecimento.

Percebemos que algumas vezes simples atitudes podem evitar sérios problemas. Saímos convencidos de que acidentes podem acontecer quando menos esperamos e em quaisquer locais, como na escola, em nossa casa, na rua, no trabalho. Por isso a importância de saber como proceder quando eles acontecerem.

Robson Ventura/Folhapress

O Corpo de Bombeiros é responsável pelo resgate de vítimas de acidentes e de pessoas com problemas graves de saúde que precisam ser encaminhadas com urgência aos prontos-socorros.

Eduardo Knapp/Folhapress

A Defesa Civil trabalha em áreas de risco e afetadas por situações de calamidade pública.

9. REVELAÇÕES ANIMADORAS

Era o início de mais uma aula de Matemática. O professor Vítor trouxe para nós mais alguns dados estatísticos.

– Quero mostrar a vocês mais algumas informações estatísticas reveladas pela pesquisa Saúde Brasil 2009. Ao contrário daquelas que eu mostrei na semana passada, essas são mais animadoras. Elas têm a ver com a melhoria da qualidade de vida e da saúde pública em nosso país. Na verdade, são dados sobre a mortalidade infantil e a desnutrição em crianças. Então, em primeiro lugar, precisamos compreender o que significam esses termos, não é mesmo? Vamos lá: taxa de mortalidade infantil é um número que indica mortalidade infantil observada durante um ano, com relação ao número de nascidos vivos do mesmo período. Para facilidade de comparação entre os diferentes países ou regiões do mundo, essa taxa costuma ser expressa em número de óbitos de crianças com menos de um ano, a cada mil crianças nascidas vivas. O índice considerado aceitável pela

Organização Mundial da Saúde (OMS) é de 10 mortes para cada mil nascimentos. O gráfico mostra esse número em alguns países em 2010.

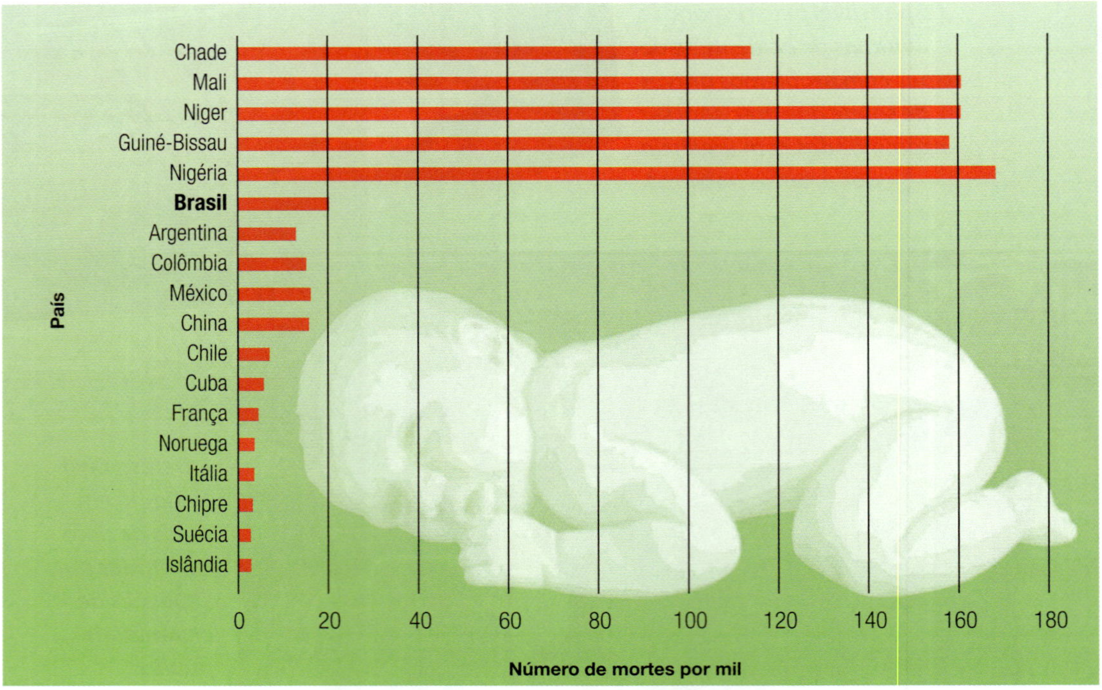

Em seguida, nos apontou o gráfico e concluiu:

– O que vocês conseguem perceber? Olhem com cuidado e anotem suas conclusões.

– Professor, o gráfico mostra que nos países mais ricos a mortalidade infantil é menor e nos mais pobres ela é maior – disse Rafael.

– Isso já era de se esperar, não é, Rafa?

– É que nos países pobres a maioria das mortes está relacionada à falta de alimentação, de higiene e de recursos e cuidados médicos, além da falta de conhecimento da mãe sobre como cuidar da saúde de seus filhos – argumentou Leonardo.

– Puxa, pessoal, vocês estão afiados, hem! – exclamou, contente, o professor. – Parece que o nosso projeto realmente está sendo levado a sério e deu a vocês uma visão mais ampla sobre as questões que envolvem a saúde. Já que vocês estão interessados mesmo, prestem atenção no seguinte: no Brasil, a taxa de mortalidade vem diminuindo bastante, graças à redução da miséria e de ações positivas, como a da Pastoral da Criança – criada pela Dra. Zilda Arns e levada avante pelos seus 160 mil voluntários –, a dos agentes comunitários da saúde, entre outras. Outro dado bastante importante é a redução da taxa de desnutrição infantil alcançada pelo Brasil. Com essa redução, o país atingiu uma das metas do Objetivo de Desenvolvimento do Milênio: erradicar a extrema pobreza e a fome, o que levou o Brasil a ser premiado pela Organização das Nações Unidas (ONU), em setembro de 2010.

Depois de uma pequena pausa para ver se estávamos mesmo prestando atenção, ele continuou.

– Os resultados positivos podem ser atribuídos a quatro fatores: aumento da escolaridade materna, melhoria do poder aquisitivo das famílias, melhoria da atenção à saúde e aumento da cobertura de saneamento básico. Conforme o Ministério da Saúde, a atenção primária à saúde é central para a prevenção de doenças. – Ele pegou um livro que trouxera, abriu-o e leu: – "Estudos internacionais mostram que um aumento de 10% na cobertura da Saúde da Família corresponde a uma redução de 4,6% na mortalidade infantil", diz o texto. São notícias como essas que nos encorajam na luta pela melhoria da saúde pública, pois muita coisa boa já está sendo feita, mas muitas outras ainda estão por acontecer.

Dessa vez saímos da sala de aula bem mais animados que de outras vezes.

10. DRA. ZILDA ARNS NEUMANN E OS AGENTES COMUNITÁRIOS DE SAÚDE

Foi numa aula de Geografia que a professora Zélia nos falou de pessoas que realizam um trabalho de grande importância para a melhoria da saúde pública em nosso país.

– São pessoas que merecem toda a nossa admiração. Refiro-me aos agentes comunitários da saúde. Nas regiões em que moram, eles vão de casa em casa realizando atividades de prevenção de doenças e promoção da saúde sob a supervisão do gestor local do SUS e da Secretaria de Saúde do município em que atuam. Sendo examinadas e orientadas em casa, as pessoas não precisam se deslocar até prontos-socorros, postos de saúde e hospitais, diminuindo assim o número de pessoas que procuram atendimento médico para problemas que podem ser resolvidos de forma simples. Desse modo diminui também o número de pessoas que aguardam nas filas dos estabelecimentos públicos de saúde. Segundo dados do Sistema de Informação da Atenção Básica, em 22 de outubro de 2009, eram 229 578 agentes comunitários de saúde, em 5 356 municípios do Brasil. A remuneração deles é feita pelo próprio município com verba federal e fica em torno de um salário mínimo mensal. Como todos os trabalhadores formais, eles também recebem 13º salário. Assim, se alguém quiser exercer a função de agente comunitário, deve ter mais de 18 anos, residir na área em que for atuar e ter concluído o Ensino Fundamental e o curso de qualificação básica para a formação de agente comunitário de saúde.

Em seguida, a professora leu para nós o depoimento de uma agente comunitária de saúde, chamada Tereza Ramos de Souza, do bairro Casa Amarela, em Recife-PE.

Eduardo Knapp/Folhapress

"Ser agente comunitário de saúde é, antes de tudo, ser alguém que se identifica em todos os sentidos com a sua própria comunidade, principalmente na cultura, linguagem, costumes; precisa gostar do trabalho. Gostar principalmente de aprender e repassar as informações, entender que ninguém nasce com o destino de morrer ainda criança ou de ser burro. Nós vivemos conforme o ambiente. É preciso ver que saúde não é só coisa de doutor e que favelado tem que cuidar de saúde, sim.

É obrigação dos agentes comunitários de saúde lutar e aglomerar forças em sua comunidade, município, estado e país, em defesa dos serviços públicos de saúde, pensar na recuperação e democratização desses serviços, entendendo que é o serviço público que atende à população pobre e é preciso torná-lo de boa qualidade.

Precisamos lutar também por outros fatores que são determinantes para a saúde, como trabalho, salário justo, moradia, saneamento básico, terra para trabalhar e participação nas esferas de decisão dos serviços públicos."

Jorge Araújo/Folhapress

O agente comunitário é o mensageiro de saúde de sua comunidade. Sua função é ser a ponte entre a população e os profissionais e serviços de saúde.

A professora Adriana, de História, conseguiu nos emocionar quando nos contou um pouco da vida e do trabalho da Dra. Zilda Arns Neumann.

Giuliano Gomes/Folhapress

Dra. Zilda Arns era pediatra e realizava seu trabalho com a Pastoral da Criança. Sua dedicação ajudou a salvar muitas vidas e resgatou a saúde de um grande número de crianças em grave situação de desnutrição.

– No mundo em que vivemos, há pessoas que aqui vieram para grandes missões e se destacaram fazendo algo grandioso e belo para a humanidade. Entre essas pessoas podemos destacar, pelo seu trabalho de solidariedade e amor ao próximo, Madre Teresa de Calcutá, Irmã Dulce e a Dra. Zilda. – Aqui a professora fez uma pequena pausa e continuou:

– Zilda Arns nasceu em Forquilha, estado de Santa Catarina, no dia 25 de agosto de 1934, foi mãe de cinco filhos. Ciente de que sua vocação estava voltada para salvar vidas, optou pelo curso de Medicina. Uma vez formada, fez inúmeras especializações e obteve conhecimentos que lhe permitiram agregar novos valores à saúde pública junto às comunidades mais carentes. Sua vida profissional teve início no Hospital de Crianças Cezar Pernetta, em Curitiba (PR), no período de 1955 a 1964. Posteriormente, foi diretora de Saúde Materno-Infantil, da Secretaria de Saúde do Estado do Paraná – ela comentou e explicou:

– Ciente dos males que a falta de alimentos causa no desenvolvimento físico e mental das crianças, Dra. Zilda criou, em 1983, a pedido da CNBB, a Pastoral da Criança. Foi então que desenvolveu a metodologia comunitária de multiplicação do conhecimento e da solidariedade entre as famílias mais pobres. Desenvolveu o trabalho com líderes comunitários propondo a educação das mães, conseguindo, dessa forma, combater um grande número de doenças.

Estávamos tão atentos na sala que se passasse uma mosca daria para ouvir o seu voo. É que as palavras da professora sobre a Dra. Zilda nos tocavam profundamente. Assim, sem ser interrompida, a professora continuou:

– Desde a sua fundação, a Pastoral tem acompanhado milhares de gestantes, crianças e famílias pobres dos municípios brasileiros. Hoje, a Pastoral conta com mais de 260 mil voluntários que levam solidariedade e conhecimentos sobre saúde, nutrição, educação e cidadania para as comunidades mais pobres. Em 2004, a Dra. Zilda Arns, novamente a pedido da CNBB, fundou a Pastoral da Pessoa Idosa, que atualmente conta com 14 mil voluntários que acompanham cerca de 130 mil idosos em todo o país. Em 12 de janeiro de 2010, a Dra. Zilda Arns estava no Haiti para fazer uma palestra sobre o combate à desnutrição, quando um terremoto de grandes proporções assolou o país, causando a morte de milhares de pessoas. Infelizmente ela foi uma das vítimas. Pelo seu trabalho, a Dra. Zilda Arns recebeu inúmeras condecorações. Em um trecho de seu último discurso, ela dizia: "*Estou convencida de que a solução da maioria dos problemas sociais está relacionada com a redução urgente das desigualdades sociais, com a eliminação da corrupção, a promoção da justiça social, o acesso à saúde e à educação de qualidade, ajuda mútua financeira e técnica entre as nações, para a preservação e restauração do meio ambiente*". E terminava seu discurso dizendo: "*É a solidariedade e a fraternidade aquilo de que o mundo precisa mais para sobreviver e encontrar o caminho*".

Depois que terminou de falar, a professora baixou a cabeça. Certamente em sinal de pesar pela perda de uma pessoa tão especial como era a Dra. Zilda Arns. A classe toda igualmente permaneceu muda por alguns instantes, até que arrisquei:

– Ei, pessoal, que tal uma salva de palmas para a Dra. Zilda Arns?

Para minha surpresa, todos os alunos se levantaram e aplaudiram calorosamente aquela pessoa admirável. Retomando a palavra, a professora disse:

– O mundo precisa de mais pessoas como Zilda Arns, pessoas que fazem a diferença.

Aquelas palavras tocaram o meu coração.

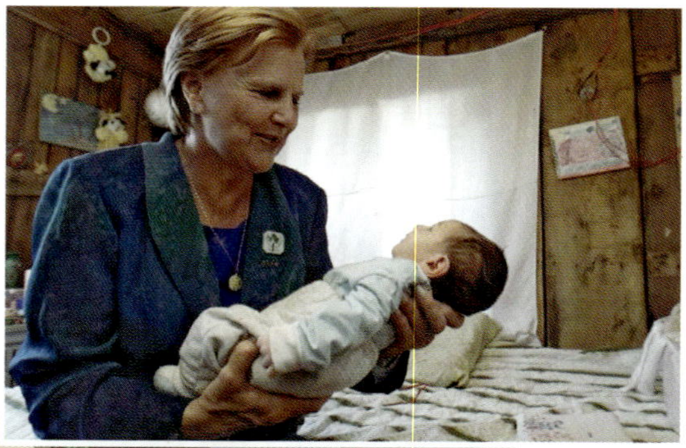

Moacyr Lopes Junior/Folhapress

Dra. Zilda Arns, Irmã Dulce e Madre Teresa de Calcutá, mulheres que dedicaram sua vida em prol dos mais necessitados.

Arquivo/AE

Tim Graham/Getty Images

11. GRANDES EPIDEMIAS DA HUMANIDADE

Marcello. 1348. Gravura. Wesleyan University, EUA

A cada dia a escola estava mais envolvida no projeto Saúde e vida. Todos os professores procuravam formas de inserir nos conteúdos de suas disciplinas o tema da saúde pública. Já estávamos quase chegando ao período de férias e não nos sentíamos cansados, as aulas pareciam bem mais interessantes e sempre tinha uma novidade.

Quando fomos chamados para ir à sala de projeção para a aula de Inglês, foi a maior confusão! Todos animados pelo corredor tentando adivinhar qual seria o filme exibido.

– Qual é o tema do filme, professor? – quis saber Maria.

– O filme trata de algumas epidemias que assolaram a humanidade – respondeu Osmar, o professor de Artes. – Depois de assistir ao filme, cada grupo deve produzir um cartaz mostrando uma das doenças comentadas no filme. Vocês devem ser criativos e podem usar obras de arte, colagens, desenhos, isto é, diferentes formas de representação artística para tratar o tema.

O vídeo começava mostrando as diferenças entre epidemias, pandemias e endemias. Eu já tinha ouvido essas palavras nos noticiários da tevê, mas nunca entendi a diferença entre elas. Ao ver o vídeo aprendi que as epidemias são doenças que surgem rapidamente num lugar e acometem, ao mesmo tempo, grande número de pessoas. A pandemia é uma epidemia que atinge grandes proporções, podendo se espalhar por um ou mais continentes ou por todo o mundo, causando inúmeras mortes ou destruindo cidades e regiões inteiras. Se uma doença existe apenas em uma determinada região, é considerada uma endemia. Se a doença é transmitida para outras populações, infesta mais de uma cidade ou região, ela é denominada epidemia. No entanto, quando uma epidemia se espalha de forma descontrolada, atingindo diversos continentes, ela é considerada uma pandemia.

Vimos também que na história da humanidade aconteceram grandes pandemias, que foram responsáveis pela morte de milhares de pessoas. Apesar de o filme ter nos informado sobre muitas doenças, nosso grupo escolheu fazer cartazes mostrando três delas: **peste negra**, **varíola** e **gripe espanhola**.

Peste negra

O quadro mostra o terror causado pela peste negra (hoje conhecida como peste bubônica) na Europa.

Essa doença, causada pela bactéria *Yersinia pestis*, recebeu esse nome por causa das manchas escuras na pele do doente.

Pieter Bruegel "O Velho". O Triunfo da Morte. 1562. Óleo sobre tela. Museu do Prado, Madri

Acredita-se que a peste negra já estava presente no Egito por volta de 1500 a.C. A doença, transmitida pelas pulgas dos ratos, assolou a Europa no século XIV e matou cerca de 25% de sua população.

Os dados mais recentes da OMS apontam para a existência dessa doença na África, Ásia, Américas e países da antiga União Soviética, em regiões nas quais as condições de higiene e moradia são inadequadas.

Varíola

Há sinais de que a varíola estava presente no Antigo Egito.

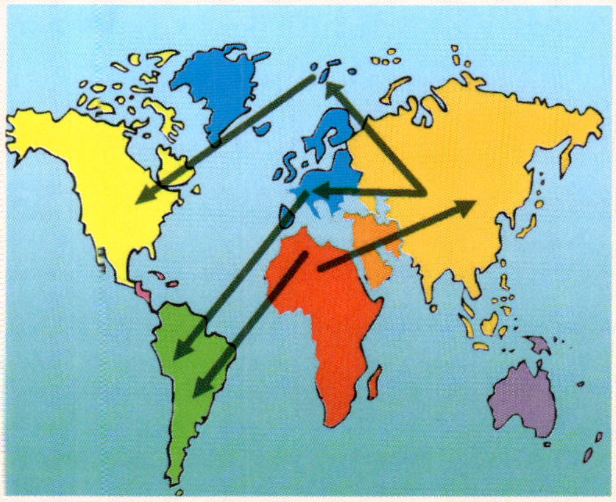

Desde a sua origem, nas terras asiáticas ou africanas, a varíola foi levada para os quatro cantos do planeta.

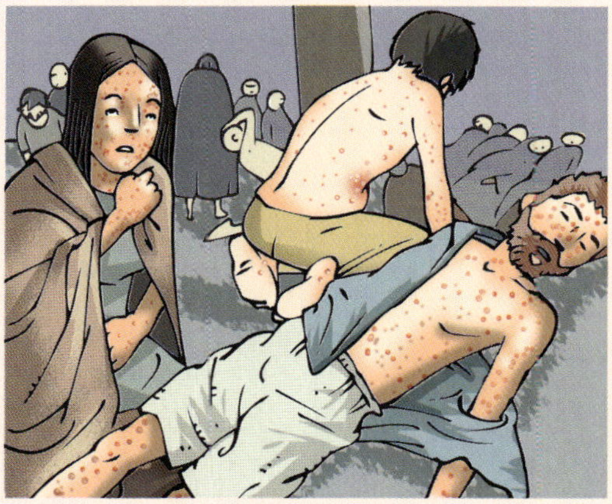

A varíola castigou a população mundial durante séculos. Milhares de pessoas morreram.

A observação de uma doença semelhante à varíola que atingia as vacas foi o primeiro passo para a erradicação dessa doença.

Em 1796, Edward Jenner criou uma vacina eficaz contra a varíola.

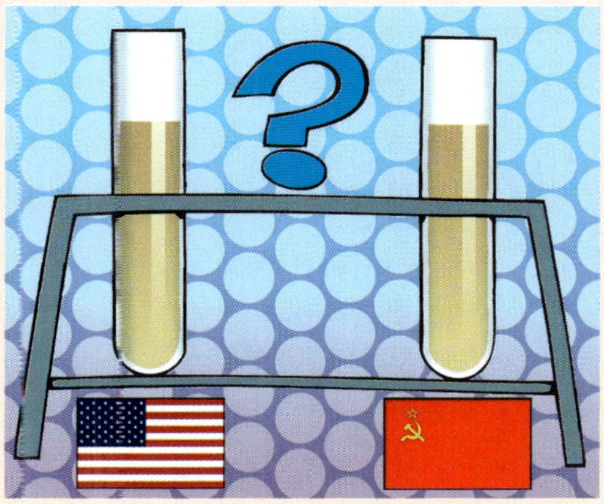

Existem vírus da varíola estocados em laboratórios russos e americanos. Em sua opinião o que deve ser feito com esses vírus?

Gripe espanhola

No último ano da Primeira Guerra Mundial, a Europa foi assolada por uma das maiores pandemias de gripe da História. A gripe espanhola – como ficou conhecida por causa do grande número de mortos na Espanha – apareceu em duas fases diferentes durante o ano de 1918. Na primeira onda, em fevereiro, embora bastante contagiosa, se mostrava branda, não causando mais que três dias de febre e mal-estar. Já na segunda, em agosto, tornou-se mortal. Enquanto a primeira fase da gripe atingiu especialmente os Estados Unidos e a Europa, a segunda devastou quase todo o mundo, por exemplo a Índia, o Sudeste Asiático, o Japão, a China e as Américas Central e do Sul.

A gripe espanhola matou em poucos meses mais de 40 milhões de pessoas, mais que o dobro de vítimas que a Primeira Guerra Mundial (1914-1918) fez em quatro anos.

No Brasil, a epidemia chegou ao final de setembro de 1918: marinheiros que prestaram serviço militar em Dakar, na costa atlântica da África, desembarcaram doentes no porto de Recife. Em pouco mais de duas semanas, surgiram casos de gripe em outras cidades do Nordeste, em São Paulo e no Rio de Janeiro, que era então a capital do país.

1918. Gazeta do Povo. Ano I, número 274

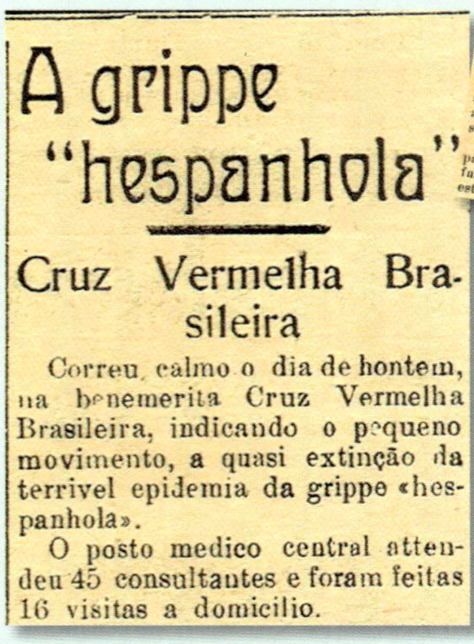

A gripe "hespanhola"

Cruz Vermelha Brasileira

Correu calmo o dia de hontem, na benemerita Cruz Vermelha Brasileira, indicando o pequeno movimento, a quasi extinção da terrivel epidemia da grippe «hespanhola».

O posto medico central attendeu 45 consultantes e foram feitas 16 visitas a domicilio.

1918. Gazeta do Povo. Ano I, número 274

A grippe "hespanhola"

Cruz Vermelha Brasileira

Continua a benemerita Cruz Vermelha distribuindo soccorros a todas as pessoas que reccorrem ao seu auxilio, cumprindo assim sua nobre missão de caridade.

Embora o mal diminúa de dia para dia, todos os abnegados funccionarios da Cruz Vermelha estão nos seus postos, attendendo

cimento, Antonio Bernardo, Secundino Grande e Joaquim Alves Rocha.

O mal está em declinio, mas ainda está matando gente.

Porque será ?

Hontem noticiamos que algumas instituições das que receberam dinheiro da Associação Commercial para distribuirem com seus auxiliares, não o tinham

Anúncios sobre a gripe espanhola publicados no jornal* Gazeta do Povo*, em 1918.

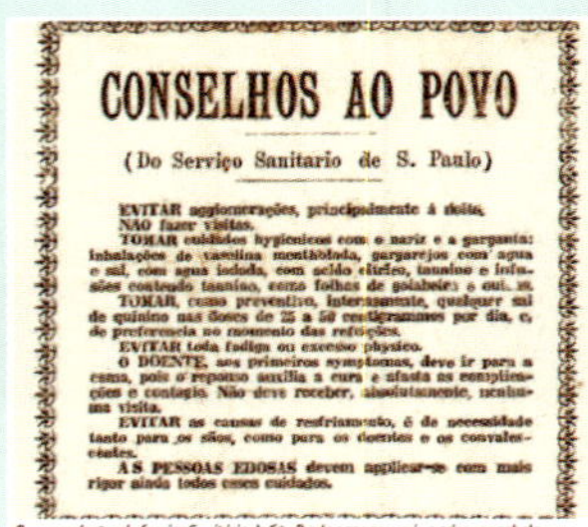

CONSELHOS AO POVO

(Do Serviço Sanitario de S. Paulo)

EVITAR agglomerações, principalmente á noite.

NÃO fazer visitas.

TOMAR cuidados hygienicos com o nariz e a garganta: inhalações de vaselina mentholada, gargarejos com agua e sal, com agua iodada, com acido citrico, tannino e infusões contendo tannino, como folhas de goiabeira e outras.

TOMAR, como preventivo, internamente, qualquer sal de quinino nas doses de 25 a 50 centigrammas por dia, e, de preferencia no momento das refeições.

EVITAR toda fadiga ou excesso physico.

O DOENTE, aos primeiros symptomas, deve ir para a cama, pois o repouso auxilia a cura e afasta as complicações e contagio. Não deve receber, absolutamente, nenhuma visita.

EVITAR as causas de resfriamento, é de necessidade tanto para os sãos, como para os doentes e os convalescentes.

ÀS PESSOAS EDOSAS devem applicar-se com mais rigor ainda todos esses cuidados.

Recomendações do Serviço Sanitário de São Paulo para prevenir a gripe espanhola

Serviço Sanitário de São Paulo

Panfleto lançado pelo Serviço Sanitário de São Paulo, em 1918, para esclarecer a população a respeito dos cuidados na prevenção da gripe espanhola.

12. AVANÇOS TECNOLÓGICOS E O FUTURO DA MEDICINA

Algumas aulas, previamente programadas, eram reservadas para a apresentação de nossas pesquisas. Foi numa delas que Andressa e Leonardo apresentaram uma pesquisa sobre avanços tecnológicos e o futuro da Medicina.

– Vocês sabiam que na época que meu pai nasceu, em 1959, não havia televisão em cores? Que não existiam computadores e nem telefones celulares? Pois é... já pensou viver sem *videogame*, sem celular, sem computador? – iniciou Andressa.

Bettmann/Corbis/Latinstock

Alexander Fleming trabalhando em seu laboratório.

– Todos esses equipamentos que utilizamos não existiam há pouco tempo e foram se desenvolvendo rapidamente nos últimos anos. Na área da Medicina também aconteceram inúmeros avanços que têm permitido salvar muitas vidas e também melhorar a qualidade de vida de pacientes com problemas crônicos de saúde – complementou Leonardo.

– Em primeiro lugar, vamos falar da descoberta e do emprego dos antibióticos, que aconteceram em meados do século XX. A penicilina, o primeiro dos antibióticos, só foi empregada regularmente a partir de meados da década de 1940. Em outras palavras, nossos avós nasceram e viveram na era pré-antibiótica, quando as doenças infectocontagiosas não tinham nenhum tratamento eficiente. A descoberta dos antibióticos permitiu que as doenças causadas por bactérias deixassem

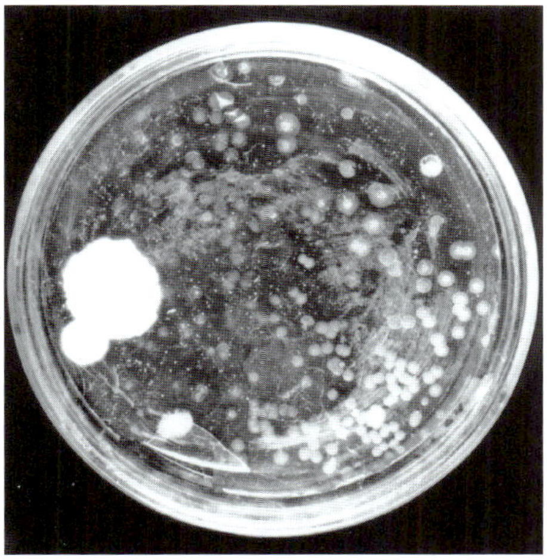

St. Mary's Hospital Medical School/SPL/Latinstock

A penicilina foi descoberta em 1928, quando Alexander Fleming, no seu laboratório no Hospital St. Mary, em Londres, observou que uma das suas culturas de estafilococos tinha sido contaminada pelo fungo* Penicillium notatum *(foto), e que em redor das colônias do fungo não havia bactérias. Ele demonstrou que o fungo produzia uma substância responsável pelo efeito bactericida, a penicilina.

de ser mortais. Isso fez com que a expectativa de vida da população subisse, pois as doenças como tuberculose, sífilis, meningite, pneumonia, entre outras, passaram a ter cura – continuou Andressa.

– Sem contar com o desenvolvimento de equipamentos, como os tomógrafos e os de ressonância magnética, e as câmeras minúsculas que podem ser introduzidas no corpo e permitem a visualização de órgãos e regiões cujo exame externo não é capaz de alcançar. Atualmente existem cirurgias que podem ser realizadas a longa distância, utilizando-se câmeras e computadores. Esses são alguns dos destaques que mostram o avanço da Medicina, que se preocupa em melhorar, mais e mais, a qualidade de vida das pessoas, principalmente dos doentes, pessoas com deficiência física e idosos – comentou o professor Vítor.

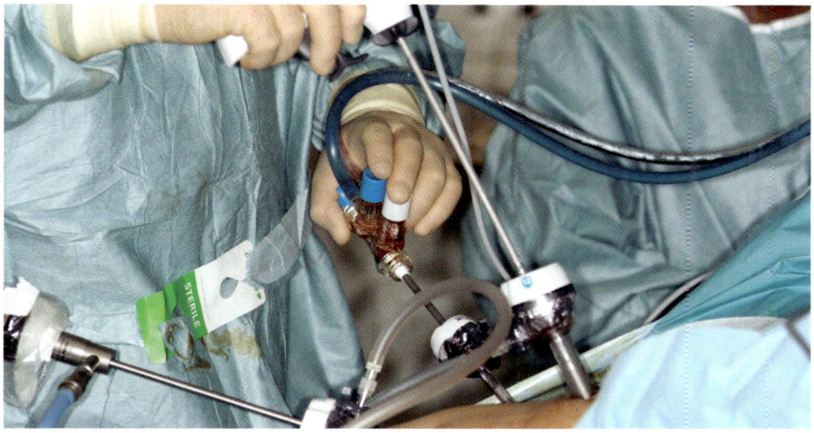

Dr. P. Marazzi/SPL/Latinstock

As cirurgias se tornaram pouco invasivas, podendo ser realizadas com pequenas incisões e com a utilização de câmeras.

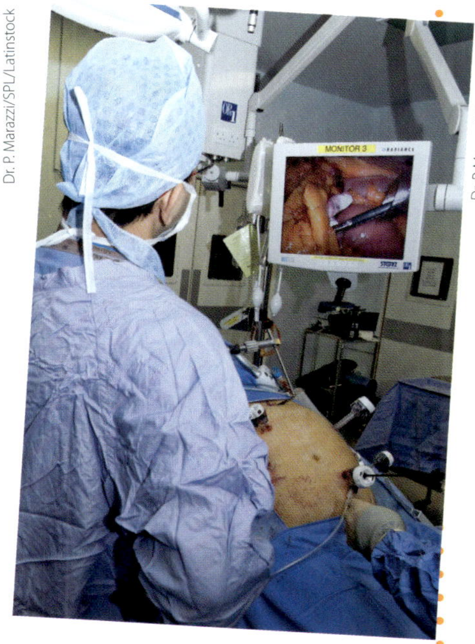

Dr. P. Marazzi/SPL/Latinstock

Durante a apresentação, Andressa e Leonardo mostravam imagens dos equipamentos sobre os quais comentavam. Foi muito interessante e aprendi coisas que eu não sabia.

Por exemplo, na área da Engenharia Biomédica estão sendo desenvolvidas inúmeras próteses que substituem membros amputados e que permitem ao paciente levar uma vida normal. Além disso, os marca-passos estão cada vez mais leves e precisos, e os corações artificiais têm sido utilizados para manter a vida de pacientes que aguardam transplantes. Essa é uma área na qual engenheiros, médicos, químicos, biólogos trabalham juntos para desenvolver equipamentos que auxiliam na melhora da qualidade de vida das pessoas.

Tom Shaw/Getty Images

Chase Jarvis/Getty Images

As próteses permitem às pessoas que perderam algum membro realizar atividades esportivas com desenvoltura.

A indústria farmacêutica desenvolve pesquisas na busca de medicamentos que causem poucos efeitos colaterais e que auxiliem na cura de doenças como o câncer, o mal de Alzheimer, o mal de Parkinson, o diabetes e a depressão.

Os transplantes serão cada vez mais frequentes e arrojados. Em 2010, foi realizado na Espanha o primeiro transplante total de rosto. Cirurgias no cérebro, procedimentos realizados em bebês ainda dentro do útero, quando, por meio de exames, são detectados problemas de saúde e até mesmo de má formação de órgãos, são bons exemplos do que até há pouco tempo faziam parte apenas da ficção científica, e hoje já se tornaram realidade.

Saí da apresentação desejando que todas as pessoas pudessem usufruir desses avanços e que eles não ficassem restritos aos hospitais particulares e a clínicas caras que servem apenas a uma parcela muito pequena da população do nosso país. O que será que nós podemos fazer para tornar esse desejo uma realidade? Como nós podemos contribuir para que a saúde pública no Brasil seja tratada como uma questão importante e fundamental para toda a população?

William Cardoso/Folhapress

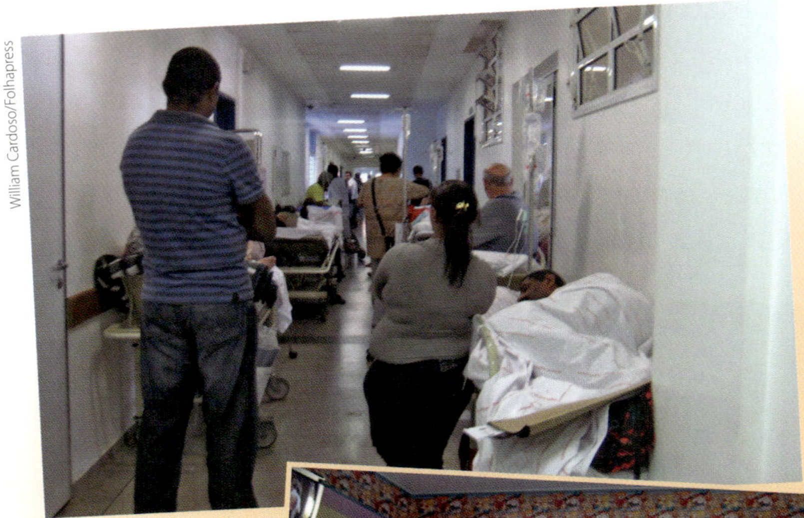

Apesar de todos os avanços da Medicina, existem pessoas que não conseguem bom atendimento nos hospitais públicos. Doentes espalhados pelos corredores infelizmente são uma realidade.

Gerson Gerloff/Pulsar

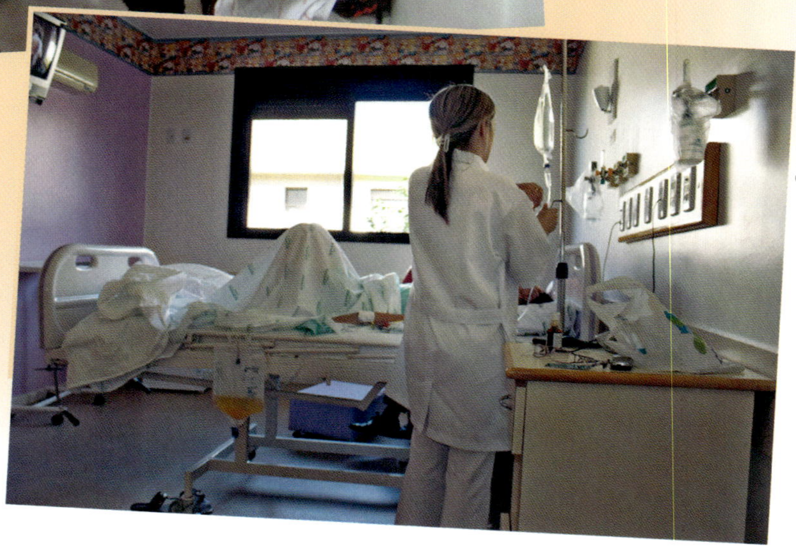

As condições de atendimento nos hospitais particulares têm qualidade superior à praticada no serviço público de saúde.

13. GENOMA HUMANO

Em uma de suas últimas aulas de Ciências, a professora perguntou quem gostaria de dizer o que sabia sobre genoma humano. Vários colegas levantaram o braço, mas, como eu fui o primeiro, a professora me escolheu. Eu só arrisquei porque a gente já tinha visto algo sobre esse assunto em uma aula e eu e meu pai assistimos a um programa na TV que tratava do Projeto Genoma Humano.

– Então, José, o que você nos diz sobre genoma humano?

– Pelo que aprendi, ele é como se fosse o nosso manual de instrução. Todos os aparelhos que compramos têm um manual de instrução. Nós também. O genoma humano nada mais é do que isso: o nosso manual de instrução, o nosso mapeamento genético. Ou seja, diz como nós somos feitos.

– E que utilidade isso nos traz? – quis saber a professora.

– Uma delas é descobrirmos com antecedência a probabilidade de futuras doenças para que possamos nos tratar a tempo.

– Muito bem. Saberia também dizer como e quem o descobriu? – insistiu a professora.

– O Projeto Genoma Humano – código genético humano – teve a participação de muitos países com centenas de laboratórios e milhares de pesquisadores.

– Correto – disse a professora. – Quer dizer mais alguma coisa?

– Acho que só mais uma. A descoberta do genoma humano é considerada uma das maiores descobertas da humanidade. Tanto que poderíamos dividir a história da Medicina em antes do genoma e depois do genoma. Tudo o que eu sei é isso, professora.

– Está ótimo. Esse assunto é bastante complexo e deixaremos para depois das férias o trabalho mais detalhado com ele. Vocês não podem se esquecer de que na semana que vem acontecerá a nossa semana cultural Saúde e vida, aqui na escola. Como estão os trabalhos e a montagem dos estandes? Amanhã passaremos todo o tempo terminando os preparativos.

Nossos trabalhos, cartazes, amostras, degustação de alimentos balanceados, enfim tudo que havíamos produzido durante o ano fez o maior sucesso na feira cultural. Em destaque estavam fotos da Dra. Zilda Arns e de agentes de saúde trabalhando. Convidamos médicos que mediam a pressão e auscultavam o coração dos visitantes e faziam medidas de glicemia para diagnosticar diabetes. Também tivemos a presença de uma nutricionista que deu palestras sobre alimentação saudável e falou sobre cardápios balanceados. Distribuímos folhetos e apresentamos vídeos sobre o combate à dengue, a doação de órgãos e outros temas que atraíam muitos visitantes.

Quando penso que todo aquele movimento havia partido de uma simples sugestão dada por mim, eu me emociono, me sinto feliz e agradeço a Deus.

14. LIÇÃO APRENDIDA

Com a experiência adquirida na época em que estive doente e com as informações aprendidas com meus professores sobre saúde, espero realizar um grande sonho: ingressar em uma faculdade de Medicina e me formar médico.

Afinal é muito gratificante dar assistência às pessoas, principalmente às mais necessitadas, que recorrem à saúde pública. Essa área ainda é muito carente de recursos, porém espero que um dia a gente consiga reverter essa situação, e as pessoas possam ter orgulho de receber um bom atendimento em qualquer órgão público de assistência à saúde.

Sempre terei como exemplo o Dr. Alex, médico que acompanhou a mim e a minha família em momentos difíceis de nossa vida. Além dele, sempre vou me lembrar do trabalho da Dra. Zilda Arns, da Irmã Dulce – O Anjo Bom da Bahia, como era carinhosamente chamada –, e da Madre Teresa de Calcutá. O trabalho solidário dessas pessoas em prol da saúde e recuperação dos mais carentes é que me leva a pensar em me tornar médico.

Foto: U. Dettmar/ABr

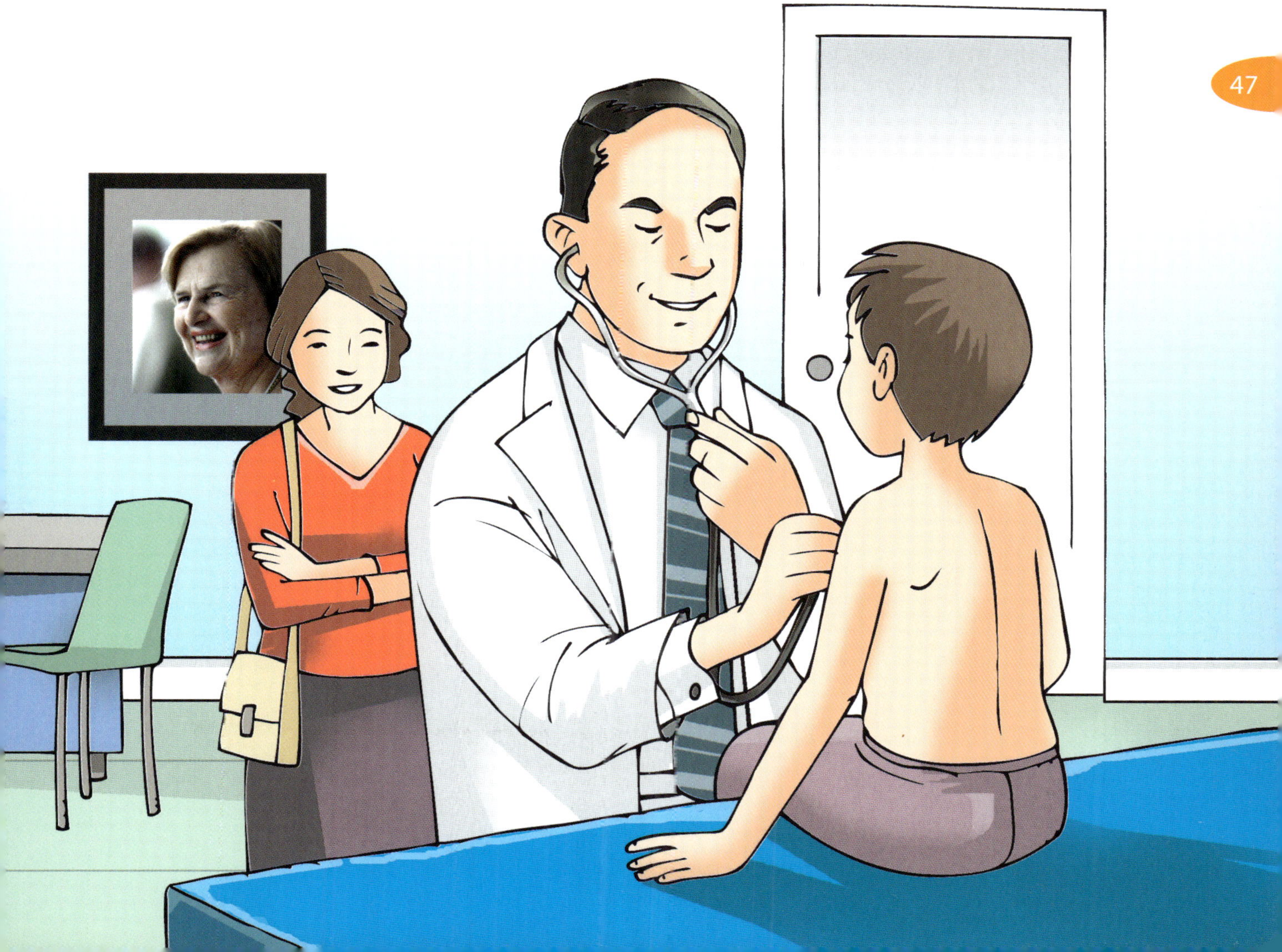

Impresso no Parque Gráfico da Editora FTD
Avenida Antonio Bardella, 300
Fone: (0-XX-11) 3545-8600 e Fax: (0-XX-11) 2412-5375
07220-020 GUARULHOS (SP)